Herzensgeschenk

Lyrik aus Kindermund

Michelle & Lisa Berg (Hrsg.)

Bibliografische Information der Deutschen Natio-
nalbibliothek
Die Deutsche Nationalbibliothek verzeichnet diese
Publikation in der Deutschen Nationalbibliografie;
detaillierte bibliografische Daten sind im Internet
über dnb.d-nb.de abrufbar.

Impressum:
© 2017 Lisa Berg
Herausgeber: Verlag Lisa Berg, Rieder
Layout, Cover, Satz,
Fotos, Grafik: Lisa Berg, www.lisa-berg.de
1. Auflage Juli 2017
ISBN: 978-3-7448-6905-8
Herstellung und Verlag:
BoD - Books on Demand, Norderstedt

Herzensgeschenk

Mein Herzensgeschenk ist für alle die in meinem Herzen wohnen, mit mir sind und ihr Leben mit mir teilen, egal was gerade sein mag.....

doch vor allem für:

Oma Ingrid und Opa Manfred, meinen neuen Papa Herbert, Taavi und Mama Lisa.

Herzensgeschenk

Ein Herz will ich dir schenken.

Ob groß oder klein.

Es soll deines sein.

Mit Mühe geschaffen.

Nur für Dich allein.

Die Natur

Die Natur ist wundervoll.

Sie ist der Stern,

der in vielen Farben schimmert.

Sie bringt alle Lebewesen zum Lachen.

Glueck

Glück ist der Strahl

der alle Herzen erleuchtet.

Es wohnt tief in jedem Herzen.

Glück kann man nicht verlangen.

Es kommt von selbst.

Man muss sich nur gedulden.

Glück hängt auch nicht am Baum.

Es fliegt auch nicht umher.

Glück wohnt einfach in uns.

Man muss einfach Geduld haben,

bis es sich zeigt.

Unsichtbar

Ich geh an Dir vorbei – Du siehst mich nicht.

Warum bin ich für Dich unsichtbar?

Was hab ich Dir getan?

Bitte nimm mich wahr!

Ich sitze vor Dir und sprech' Dich an,

aber Du siehst mich nicht

und guckst mich nicht an.

Ich bin einfach nur Luft für Dich!

Warum bin ich für Dich unsichtbar?

Was hab ich Dir denn getan?

Bitte nimm mich wahr!

Ich würde mich sehr freuen,

wenn Du mir sagst warum!

Wenn ich für Dich sichtbar wäre…

Das wäre super.

Bitte versteh mich doch!

Ich mag Dich wirklich sehr!

Was kann ich tun, dass Du mich siehst?

Bitte sag mir,

wie ich nicht mehr unsichtbar bin für Dich!

Ich wünsche mir, dass Du mir sagst,

warum ich unsichtbar bin.

Ich würde mich sehr freuen.

Gedanken

Dinge wahrzunehmen,

ist der Keim aller Intelligenz.

Sei stets ein guter Mensch.

Schenk allen Liebe.

Auch wenn Du sie nicht magst!

Jeder hat eine gute Seite.

Aber auch eine negative.

Das ist das Motto meiner Familie.

(Inspiriert durch Lao Tse – chinesischer Gelehrter
6. Jh. v. Chr. – erste Zeile vom Meister)

Die Mama

Die Mama die ist immer für Dich da.

Sie ist einfach nur die Beste.

Sie hat Dich lieb.

Du küsst sie und denkst an sie.

Sie ist einfach liebevoll und cool und schön.

Und witzig und einfach nur entspannt.

Sie ist die beste der Welt.

Sie meckert zwar manchmal,

aber nur, wenn wir nicht hören

oder unordentlich sind.

Ihre Hände und Arme

und der ganze Körper ist kuschelig

warm und weich

und einfach nur schön anzusehen.

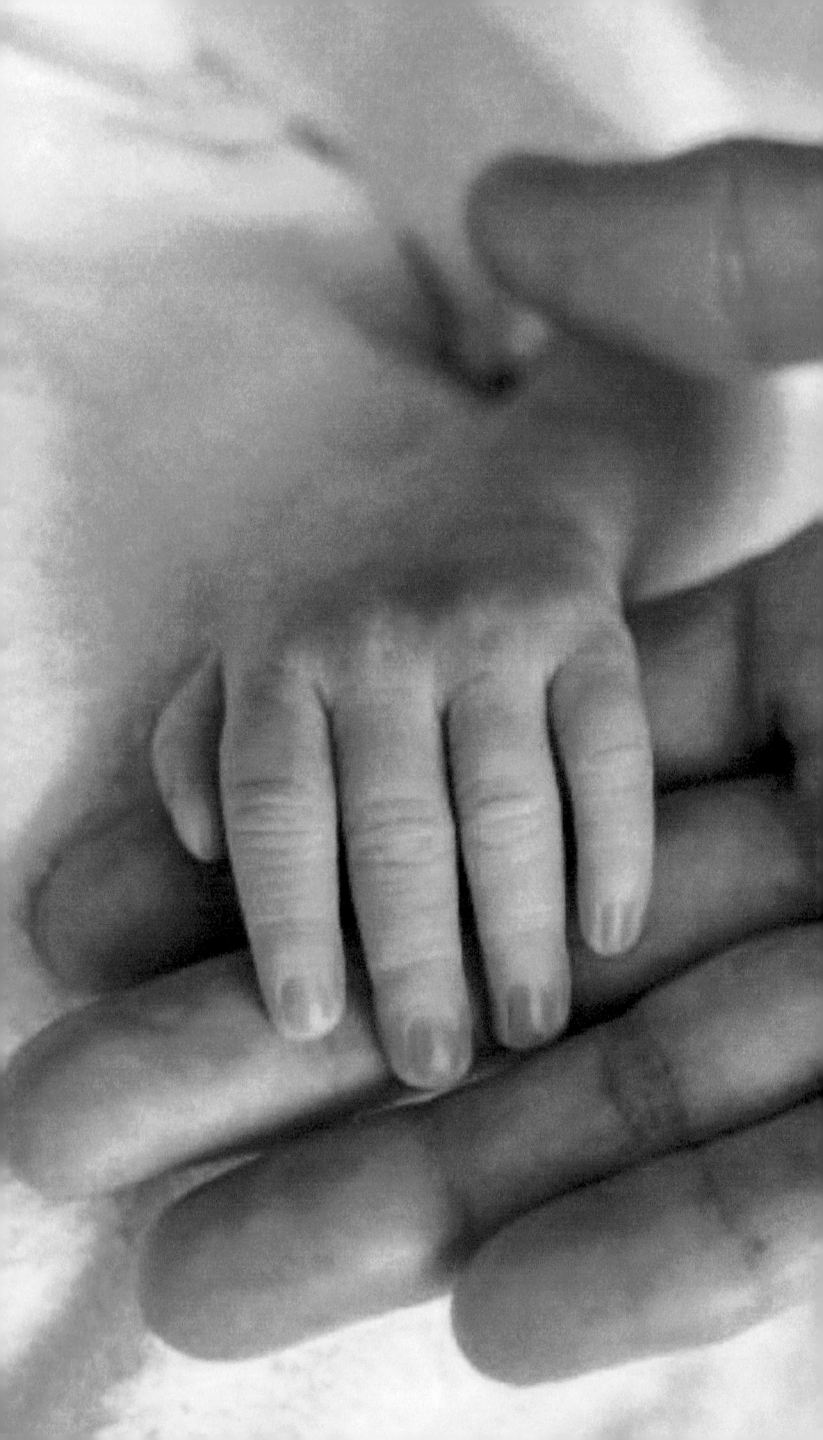

Mama könnte alles anziehen,

sie sieht immer schön aus!

Sie ist einfach nur mein Goldschatz.

Für mich ist sie die Beste

der ganzen weiten Welt.

Und im Universum.

Ich genieße jeden Tag mit ihr.

Liebestraum

Liebe ist einzigartig.

Liebe ist schön.

Liebe ist das,

was die Menschen brauchen.

Liebe ist der Inhalt der Herzen.

Liebe tut auch manchmal weh.

Liebe ist der Traum des Lebens.

Fruehlingsbeginn

Viele bunte Blumen,

sie duften so gut.

In vielen Farben leuchtet

die schöne Frühlingsglut.

Die ersten Frösche quaken

und sonnen sich auf dem Stein.

Die Hasen hoppeln über die Wiese

und wollen fröhlich sein.

Alles beginnt zu blühen,

die Welt ist wunderschön.

Den Frühling nur genießen,

lasst uns nach draußen gehen.

Die mit Dir ist

Die Mama mag Dich sehr.

Wenn Du ein Problem hast, versteht sie Dich.

Sie liebt Dich über alles.

Wir lieben Dich über alles.

Wir lieben Dich sehr.

Alle Kinder lieben sie.

Sie beschützt Dich und

braucht viel Kraft für Dich.

Sie hilft Dir bei allem.

Reh-Gedicht

Ich geh im Schnee

und trink einen Tee,

da sah ich ein Reh

am See.

Auf dem Reh

saß 'ne Fee

und gab dem Reh

Klee.

(etwas Besonderes – ein Kurz-Gedicht mit 23 e)

Mein Leben und meine Traeume

Mein Leben und meine Träume

leben in diesem Buch,

so wie auch meine Fehler,

über die ich jetzt lache,

auch meine Vergangenheit und meine Zukunft,

alle meine Abenteuer

und meine tiefen Geheimnisse.

Liebe

Die Liebe kommt und geht.

Mal ist sie stark, mal ist sie schwach.

Mal ist sie laut, mal ist sie leise.

Mal ist sie nah, mal ist sie fern.

Mal tut sie gut, mal tut sie weh.

Irgendwie und irgendwo ist sie doch immer da.

Weitere Bücher

Taiji im Leben

Meister Lijun Cheng
Taschenbuch: 64 Seiten
ISBN: 978-3741251146

Sagenhaftes Gernrode im Harz

Lisa Berg
Taschenbuch: 84 Seiten
ISBN: 978-3743143852

Spiel des Lebens

Wilfried Ströver

Taschenbuch: 160 Seiten
ISBN: 978-3744836029

Abenteuer Pflegekind

Lisa Berg
Taschenbuch: 208 Seiten
ISBN: 978-3732236619